全国中等职业技术学校商贸类专业

统计基础习题册

——与《统计基础》配套

中国劳动社会保障出版社

简介

本习题册为全国中等职业技术学校商贸类专业通用教材《统计基础》的配套习题册。本习题册题型设计多样，包括名词解释、填空题、单项选择题、多项选择题、判断题、简答题、实训题等，力求充分体现教材的重点和难点。通过这些题目的练习，学生能够掌握统计的基本知识和原理，具有解决一些实际问题的能力。

本习题册由李玉玲主编，张建红、娄兴华、赵庆雪、耿尚英参与编写。

图书在版编目(CIP)数据

统计基础习题册/李玉玲主编. —北京：中国劳动社会保障出版社，2016
全国中等职业技术学校商贸类专业
ISBN 978-7-5167-2627-3

Ⅰ.①统… Ⅱ.①李… Ⅲ.①统计学-中等专业学校-习题集 Ⅳ.①C8-44

中国版本图书馆 CIP 数据核字(2016)第 164037 号

中国劳动社会保障出版社出版发行

（北京市惠新东街 1 号 邮政编码：100029）

*

三河市潮河印业有限公司印刷装订 新华书店经销

787 毫米×1092 毫米 16 开本 3.25 印张 76 千字
2016 年 7 月第 1 版 2025 年 5 月第 9 次印刷

定价：6.00 元

营销中心电话：400-606-6496
出版社网址：http://www.class.com.cn
http://jg.class.com.cn

目　　录

第一章　统计概述

一、名词解释

1. 统计工作

2. 统计研究对象的数量性

3. 统计研究对象的总体性

4. 标志

5. 统计指标

二、填空题

1. 统计包括__________、统计资料、__________三方面的含义。

2. 统计的研究对象是______________________________________，主要有三个特点，即________、总体性、具体性。

3. 统计主要有信息、咨询和__________三大职能，其中__________是基础。

4. 统计研究的过程包括统计设计、__________、统计整理、____________、提供服务等阶段。

5. 统计总体是指由______________________________许多____________构成的整体，简称为总体。

6. 总体单位是指___________________，它是各项统计资料______________、最关键、最重要的提供者。

7. 标志按其性质不同，可分为_________、_________两大类。

8. 指标按其反映总体的特征不同，可分为__________、__________，其中__________表现为绝对数。

三、单项选择题

1. 统计学是关于（　　）的学科。

A. 经济学　　B. 社会学　　C. 发财致富　　D. 方法论

2. 在统计三方面的含义中，（　　）是基础。

A. 统计学　　B. 统计资料　　C. 统计工作　　D. 统计设计

3. （　　）是统计总体形成的基础。

A. 同质性　　B. 大量性　　C. 变异性　　D. 具体性

4. 要调查研究本校学生对学校食堂的意见和要求，总体是（　　）。

A. 本校的所有学生

B. 本校的所有食堂

C. 本校所有学生的意见和要求

D. 本校所有食堂的意见和要求

5. 要调查某地区农民工的生活状况，总体是（　　）。

A. 该地区全部的农民工

B. 该地区全部农民工的家庭

C. 该地区全部农民工的数量

D. 该地区全部农民工的工资

6. 要调查本班学生的学习状况，总体单位是（　　）。

A. 每位学生的成绩　　B. 每位学生的出勤天数

C. 每位学生　　D. 本班的全部学生

7. 某商场员工林彤的月工资额为 2 800 元，则“工资额”是（　　）。

A. 数量指标　　B. 质量指标　　C. 数量标志　　D. 品质标志

8. 随机抽取某校营销专业 5 名学生，其专业课考核成绩分别为 95、87、93、76、68，这五个数值是（　　）。

A. 标志　　B. 变量　　C. 指标　　D. 变量值或标志值

9. 某班某小组 3 名学生的综合考核分数分别为 89、90、96，这三个数值是（　　）。

A. 三个变量　　B. 三个标志　　C. 三个变量值　　D. 三个指标值

10. 一个总体单位可以有（　　）。

A. 一个标志　　B. 多个标志　　C. 一个指标　　D. 多个指标

四、多项选择题

1. 统计研究中常用的几组概念是（　　）。

A. 总体与总体单位　　B. 指标与标志
C. 连续型变量与离散型变量　　D. 变异

2. 统计总体具有（　　）。

A. 差异性　　B. 具体性　　C. 大量性　　D. 同质性

3. 下列选项中，属于品质标志的有（　　）。

A. 姓名　　B. 性别　　C. 年龄　　D. 住址

4. 下列选项中，属于数量标志的有（　　）。

A. 商品的使用年限　　B. 工资级别
C. 考试分数　　D. 学习专业

5. 下列选项中，属于数量指标的有（　　）。

A. 销售额　　B. 销售费用额　　C. 销售费用率　　D. 人均销售额

6. 统计指标具有（　　）。

A. 综合性　　B. 具体性　　C. 数量性　　D. 同质性

7. 研究某公司职工的工资水平，“月工资额”对于每位职工而言是（　　）。

A. 数量标志　　B. 数量指标　　C. 变量　　D. 连续型变量

8. 研究某地区职工的工资水平，“年人均工资额”是（　　）。

A. 数量标志　　B. 数量指标　　C. 质量指标　　D. 变量

9. 研究某班 40 名学生的基本情况，则（　　）。

A. 该班全部学生是总体
B. 每位学生是总体单位
C. 人均月生活费 500 元是数量标志
D. 某个学生某月生活费 400 元是数量标志

10. 下列选项中，属于连续型变量的是（　　）。

A. 年龄　　B. 工资额　　C. 家庭人口　　D. 日产量

五、判断题

1. 统计在宏观管理与监控和微观经营与管理方面都有重要作用。（　　）
2. 统计学是研究数学的学科。（　　）
3. 统计指标就是指一些数字。（　　）
4. 指标与标志随着研究目的的变化而变化。（　　）
5. 用文字表述的是质量指标。（　　）
6. 用数值表述的是数量指标。（　　）
7. 可变的数量标志或同名指标又称为变量。（　　）
8. 离散型变量能否取小数是人的主观意志。（　　）
9. 变异普遍存在于客观事物中。（　　）
10. 指标体系是多个指标的汇总。（　　）

六、简答题

1. 简述统计的含义及其相互关系。

2. 简述指标与标志的区别和联系。

3. 某企业集团下属三个分公司上年实现利润总额合计 500 万元，其中：一公司 120 万元，二公司 180 万元，三公司 200 万元。这个具体问题中的统计总体、总体单位、指标、标志、变量、变异分别指什么？

七、实训题

指出下面调查项目中的总体、总体单位，设计相应的指标与标志。

(1) 调查本班学生上月生活费支出情况。

(2) 调查本校食堂的卫生及饮食质量状况。

(3) 调查本区工业企业的生产经营情况。

(4) 调查本区工业企业生产设备的利用状况。

(5) 调查上月度本区交通事故的情况。

(6) 调查某水库中鱼的生长状况。

第二章 统计调查

一、名词解释

1. 统计调查的准确性

2. 全面调查

3. 专门调查

4. 直接观察法

5. 调查项目

二、填空题

1. 统计调查是指取得________资料，或称__________资料的工作过程。

2. 统计调查必须遵守____________的基本原则。

3. 属于全面调查的有____________、定期报表，属于非全面调查的有____________、____________、典型调查。

4. 统计调查的方法主要有____________、报告法、____________、采访法。

5. 抽样调查从应用方面看，有时效性、__________、__________等几个特点。

6. 典型调查是根据调查的__________和__________，有意识地选取________________________进行的调查。

7. 重点单位是指____的单位。

8. 一份调查问卷一般由________、问题与答案、____________三个部分组成。

9. 调查问卷的不同类型中，不便于后期资料整理的是__________________问卷。

10. 对于一些敏感问题，可以用______________________问卷来进行调查。

三、单项选择题

1. 下列选项中，（　　）属于第一手统计资料。

A. 从网上下载的统计数据　　B. 从报刊上摘抄的统计资料

C. 从专业统计机构获得的统计资料　　D. 访问客户所得到的统计数据

2. 对于调查资料而言，首要的是（　　）。

A. 准确性　　B. 及时性　　C. 全面性　　D. 科学性

3. 区分全面调查与非全面调查的标准是（　　）。

A. 资料是否齐全　　B. 调查项目的多少

C. 调查单位的多少　　D. 是否包括了全部的调查单位

4. 专门调查的几种方式适用于（　　）项目的调查。

A. 国家　　B. 地方　　C. 企业　　D. 任何级别

5. 对于一些需要全面资料而又不能或没有必要进行全面调查的项目，可采用（　　）。

A. 定期报表　　B. 抽样调查　　C. 重点调查　　D. 典型调查

6. 对农作物的生长状况进行调查，最适宜的方法是（　　）。

A. 直接观察法　　B. 报告法　　C. 问卷法　　D. 采访法

7. 适合开调查会进行调查的是（　　）。

A. 某企业的客户状况　　B. 某企业的发明专利

C. 某企业董事会成员的股份　　D. 某企业的长期规划

8. 调查我国石油工业的基本情况适宜用（　　）。

A. 典型调查　　B. 重点调查　　C. 抽样调查　　D. 普查

9. 调查单位与总体单位在（　　）中的数量是一致的。

A. 抽样调查　　B. 重点调查　　C. 典型调查　　D. 普查

10. 调查项目的确定应以（　　）为原则。

A. 越多越好　　B. 越少越好

C. 容易搜集资料　　D. 少而精、需要与可能相结合

四、多项选择题

1. 统计调查在统计研究中是（　　）。

A. 基础环节　　B. 承前启后的环节

C. 取得总体资料的工作过程　　D. 取得总体单位资料的工作过程

2. 下列选项中，属于普查的特点的是（　　）。

A. 一次性全面调查　　B. 资料全面、系统、详细、准确

C. 费用大，成本高　　D. 不适合基层单位

3. 定期统计报表的优势是（　　）。

A. 时效性　　B. 全面性　　C. 准确性　　D. 统一性

4. 某学校对全体师生进行一次体检，则每位教师或学生是（　　）。

A. 调查项目　　B. 调查对象

C. 调查单位　　D. 调查项目的承担者

5. 对某市工业企业设备的利用情况进行普查，则（　　）。

A. 调查对象是该市所有的工业企业

B. 调查对象是该市工业企业的所有设备

C. 调查单位是每一台设备

D. 填报单位是每一台设备

6. 调查某校学生的基本情况可用（　　）的方式。

A. 普查　　B. 定期统计报表

C. 抽样调查　　D. 典型调查

7. 我国第六次人口普查的标准时点是 2010 年 11 月 1 日零时，下列应计入此次人口普查总量的是（　　）。

A. 2010 年 11 月 1 日零时以后出生的婴儿

B. 2010 年 11 月 1 日零时及以前出生的婴儿

C. 2010 年 11 月 1 日零时及以前死亡的人口

D. 2010 年 11 月 1 日零时以后死亡的人口

8. 从结构上看，调查问卷的类型主要有（　　）。

A. 访问问卷　　B. 无结构问卷　　C. 结构型问卷　　D. 邮寄问卷

9. 调查问卷按照提问问题的方式不同，分为（　　）。

A. 开放型问卷　　B. 封闭型定类问题问卷

C. 封闭型定序问题问卷　　D. 封闭型定距问题问卷

10. 问卷调查是否能收到预期的效果，主要取决于（　　）。

A. 问卷的设计是否科学、合理　　B. 被调查者的配合程度

C. 调查者的经验和诚意　　D. 法律是否健全

五、判断题

1. 准确性、及时性、全面性是对统计调查资料的基本要求。（　　）

2. 定期统计报表制度对国家而言很重要，对基层单位不重要。（　　）

3. 调查单位与总体单位是一致的。（　　）

4. 调查单位与填报单位是一致的。（　　）

5. 在非全面调查中，最为完善的调查方式是抽样调查。（　　）

6. 抽样调查中的调查单位是随机抽取的。（　　）

7. 典型调查、重点调查中的调查单位是完全主观选取的。（　　）

8. 直接观察法可应用于任何一项调查中。（　　）

9. 统计数据的主要来源是各个基层单位。（　　）

10. 一项调查项目只能用一种调查方法。（　　）

11. 一份调查方案中只能够包括六大项内容。（　　）

12. 调查时间和调查期限的含义相同。（　　）

13. 问卷调查被广泛采用是因为其简单、灵活、便于操作。（　　）

14. 问卷调查的质量不容易把握。（　　）

15. 调查本校学生的基本情况只能用普查的方式。（　　）

六、简答题

1. 统计调查可以按照哪些标准分为哪些种类？

2. 如何确定调查目的和任务？

3. 如何确定调查项目和调查表格？

4. 设计问卷主体应注意哪些问题？

七、实训题

某企业集团 12 月 10 日向下属各个公司发放调查表，对员工的文化程度进行调查。要求每一位员工填报本人的姓名、性别、年龄、工龄、岗位、技术等级、学历七项内容。

（1）依据不同的标准说明此项调查属于哪一种类型。

（2）说明调查对象、调查单位、报告单位分别是什么。

（3）设计一份调查表。

第三章　统计整理

一、名词解释

1. 统计整理

2. 统计分组

3. 分组标志

4. 品质分配数列

5. 简单分组表

二、填空题

1. 对原始资料的审核，主要是审核原始资料的________、及时性和________。
2. 在统计整理环节中，____________________是核心。
3. 统计分组首先要____________________。
4. 统计分组要同时满足____________、____________、不重不漏的原则。
5. 分组体系有由多个简单分组形成的平行分组体系和____________________两种。
6. 分配数列有品质分配数列和____________________两类。
7. 变量数列有单项式和____________________两种。
8. 组距有________和异距离两种。
9. 统计汇总的方式有逐级汇总、____________、____________等几种。
10. 手工汇总的方法有________、过录法、________、卡片法等。
11. 表现统计资料的主要形式有__________和统计图。
12. 从外观看，统计表由总标题、________、纵栏标题、________等要素构成。
13. 统计表按照总体是否分组及分组的程度分类，可分为________________、________________和复合表分组表。

14. 统计表的设计可以从______、文字、__________三方面考虑。

15. 常见的统计图有________、条形图、__________、饼形图等。

16. 统计图主要由图式、________、________构成。

三、单项选择题

1. 统计分组所分的对象是（　　）。

A. 总体　　B. 总体单位　　C. 指标　　D. 标志

2. 简单平行分组体系与复合分组体系的主要区别是（　　）。

A. 分组标志的多少　　B. 分组标志的性质

C. 表格是否复杂　　D. 是否层叠分组

3. 统计分组时，5%～10%、10%～20%两组中的10%通常放在10%～20%这组，是为了满足（　　）的原则。

A. 组内有同质性　　B. 组间有差异性

C. 好记　　D. 不重不漏

4. 如果变量值的变动范围大，适合编制（　　）。

A. 异距数列　　B. 等距数列　　C. 单项式数列　　D. 组距式数列

5. 编制组距式数列，对于连续型变量，相邻两组的上下限一般应是（　　）。

A. 重叠　　B. 不重叠

C. 顺序两个变量值　　D. 顺序两个自然数

6. 变量数列最大组和最小组是否开口，取决于（　　）。

A. 变量值的个数　　B. 变量的个数

C. 变量的大小　　D. 变量值的变动范围

7. 向上累计次数或频率是指（　　）。

A. 按书写习惯从上向下累计　　B. 按阅读习惯从左向右累计

C. 按变量值大小从小向大累计　　D. 按变量值大小从大向小累计

8. 用手工汇总总体单位数量时适合用（　　）。

A. 划记法　　B. 过录法　　C. 折叠法　　D. 卡片法

9. 统计表的主词一般放在（　　）。

A. 上端中央　　B. 表内左边　　C. 表内右上方　　D. 表内右下方

10. 统计图中的图例必须（　　）。

A. 放在图上边　　B. 放在图下边

C. 放在图左边或右边　　D. 与整幅图相协调

11. 饼形图中扇形的面积是根据（　　）计算出的。

A. 各组数值/总数量　　B. 总数量/组数

C. 360°/组数　　D. 各组比重×360°

12. 统计整理的步骤主要有①分组、②汇总、③制作图表、④审核资料，其先后顺序是（　　）。

A. ①②③④　　B. ②①③④　　C. ③①②④　　D. ④①②③

四、多项选择题

1. 统计分组应同时满足（　　）。

A. 组内的同质性　B. 组间的差异性

C. 分组的完整性　D. 归属的唯一性

2. 对于原始资料审核出的严重错误，其处理办法是（　　）。

A. 代为更正　B. 通报原单位复查更正

C. 返还原单位重报　D. 查明原因追究责任

3. 选择分组标志的原则有（　　）。

A. 选与研究目的有关联的标志　B. 选能反映事物本质特征的标志

C. 要注意到具体的历史条件　D. 选择品质标志

4. 一个等距离闭口式数列的特点有（　　）。

A. 各组上下限之差相等　B. 最小组缺下限

C. 最大组缺上限　D. 每个组均有上下限

5. 一个连续型开口式数列的特点有（　　）。

A. 依据连续型变量分组　B. 各组上下限一般应重叠

C. 每个组均有上下限　D. 有一个或两个组缺少上限或下限

6. 组距数列中影响各组次数多少的因素有（　　）。

A. 分组标志的性质　B. 组数的多少

C. 组距的大小　D. 变量值的大小

7. 组距数列包括（　　）。

A. 品质数列　B. 变量数列　C. 等距数列　D. 异距数列

8. 依据下列变量所编制的组距数列中，各组上下限适宜用两个顺序自然数的有（　　）。

A. 工人人数（人）　B. 日产量（件）

C. 班级数量（个）　D. 工龄（年）

9. 向上累计次数或频率可以表明（　　）。

A. 某组的次数及比重　B. 某组及以下的累计次数

C. 某组及以下累计次数所占的比重　D. 某组及以下变量值的数量或比重

10. 组中值的计算可采用的方法是（　　）。

A. （上限＋下限）÷2　B. 本组上限－1/2 本组组距

C. 本组组距－1/2 邻组组距　D. 本组下限＋1/2 邻组组距

11. 变量数列中的各组可用（　　）表示。

A. 一个变量　B. 一个变量值　C. 多个变量　D. 多个变量值

12. 是否编制异距数列的主要依据为（　　）。

A. 研究目的的需要　B. 符合分组的原则

C. 变量值的大小　D. 变量值的多少

13. 调查某校学生的基本情况，可选用（　　）方式进行资料汇总。

A. 逐级汇总　B. 集中汇总　C. 综合汇总　D. 会审汇编

14. 广义的统计表包括（　　）。

A. 所有的表格　　B. 整理汇总表　　C. 计算分析表　　D. 调查表

15. 根据总体的分组程度，统计表可分为（　　）。

A. 简单表　　B. 简单分组表　　C. 单一表　　D. 复合分组表

16. 统计表中的计量单位可以放在（　　）。

A. 上基线上端右边　　B. 上基线上端左边

C. 表中左边专设一栏　　D. 紧随每一指标后面

五、判断题

1. 审核原始资料是统计整理必要的工作程序。（　　）
2. 对原始资料审核出的错误或可疑之处，审核人可代为更正。（　　）
3. 各组的分组界限应根据我们的实际需要来确定。（　　）
4. 品质数列由各组名称、各组次数（频数）、各组频率（比重）三个要素构成。（　　）
5. 变量数列由各组变量值、各组次数或各组频率两个要素构成。（　　）
6. 按照变量值从小到大的顺序依次累计各组次数叫作向上累计。（　　）
7. 组中值是一个确切的数值。（　　）
8. 总体未经分组的统计表只有两种情况。（　　）
9. 按照一个标志对总体进行分组的统计表称为简单表。（　　）
10. 选择两个以上标志分组的统计表称为复合表。（　　）
11. 统计表的总标题紧挨着上基线会影响表格整体上的美观。（　　）
12. 在一张考试成绩表中，某学生考了 0 分，可以用“—”或“…”来代替。（　　）
13. 所有的表格都可称为统计表。（　　）
14. 为了统计图、表的美观，应在纸面的四周留有适当的空白和距离。（　　）
15. 多数统计图的图式由直角坐标系、尺度、分组或年份、几何图形构成。（　　）

六、简答题

1. 简述统计整理的意义和主要步骤。

2. 统计分组的主要作用是什么？

3. 简述统计分组的概念及其步骤。

4. 简述变量数列的编制步骤和注意事项。

5. 统计表的设计应注意哪些问题?

七、实训题

1. 某中职学校文秘专业36名毕业生的基本情况如下表所示。

36名毕业生基本情况表

序号	性别	年龄	就业单位	序号	性别	年龄	就业单位
1	男	18	物流企业	19	男	20	制造企业
2	女	18	物流企业	20	男	17	餐饮企业
3	女	17	制造企业	21	女	18	交通企业
4	男	19	餐饮企业	22	女	20	制造企业
5	女	17	交通企业	23	女	17	物流企业
6	女	20	餐饮企业	24	男	19	物流企业
7	女	17	制造企业	25	女	19	物流企业
8	男	17	制造企业	26	女	20	制造企业
9	女	18	餐饮企业	27	女	19	餐饮企业
10	女	20	交通企业	28	男	18	交通企业
11	男	19	餐饮企业	29	男	17	物流企业
12	男	17	制造企业	30	女	19	制造企业
13	女	18	制造企业	31	女	18	交通企业
14	男	17	餐饮企业	32	女	17	交通企业
15	男	18	交通企业	33	男	18	物流企业
16	女	19	餐饮企业	34	女	20	餐饮企业
17	女	17	制造企业	35	男	19	餐饮企业
18	女	19	物流企业	36	女	18	交通企业

要求：

（1）选两个标志对该专业毕业生的资料进行简单平行分组整理。

（2）设计制作一份简单平行分组表。

（3）选两个标志对该专业毕业生的资料进行复合分组整理。

（4）设计制作一份复合分组表。

2. 某公司 48 名员工的月工资额（元）资料如下。

1 600　1 750　1 800　1 500　2 000　2 100　2 500　2 600　2 800　1 800　1 600　1 750
1 800　1 500　2 000　2 100　2 300　2 600　2 850　1 800　1 600　1 750　1 800　1 500
2 000　2 500　2 600　2 900　1 800　1 600　1 750　2 500　2 600　2 900　1 800　1 600
1 750　1 200　1 400　1 500　1 800　1 650　2 340　2 560　2 400　2 600　1 850　2 000

要求：

（1）编制组距式数列。

（2）绘制次数分布图。

3. 调查本班学生午餐喜欢的饭菜品种和课后希望参加的课外活动项目。要求：

（1）制作一份调查方案。

（2）进行实际调查。

（3）整理调查资料。

（4）写一份简要的调查报告。

4. 根据《中华人民共和国 2015 年国民经济和社会发展统计公报》部分文字叙述，设计制作统计表及统计图。

（1）初步核算，2015 年全年国内生产总值 676 708 亿元，比上年增长 6.9%。其中，第一产业增加值 60 863 亿元，增长 3.9%；第二产业增加值 274 278 亿元，增长 6.0%；第三产业增加值 341 567 亿元，增长 8.3%。第一产业增加值占国内生产总值的比重为 9.0%，第二产业增加值比重为 40.5%，第三产业增加值比重为 50.5%。

（2）2015 年全年粮食产量 62 144 万吨，比上年增加 1 441 万吨，增产 2.4%。其中，夏粮产量 14 112 万吨，增产 3.3%；早稻产量 3 369 万吨，减产 0.9%；秋粮产量 44 662 万吨，增产 2.3%。

5. 对下面图 1、图 2 反映我国“十二五”期间经济发展状况的统计图进行文字说明。

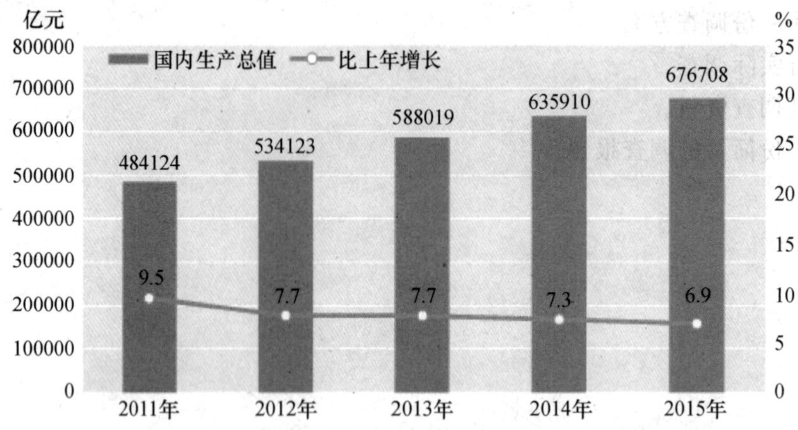

图 1　2011—2015 年国内生产总值及其增长速度

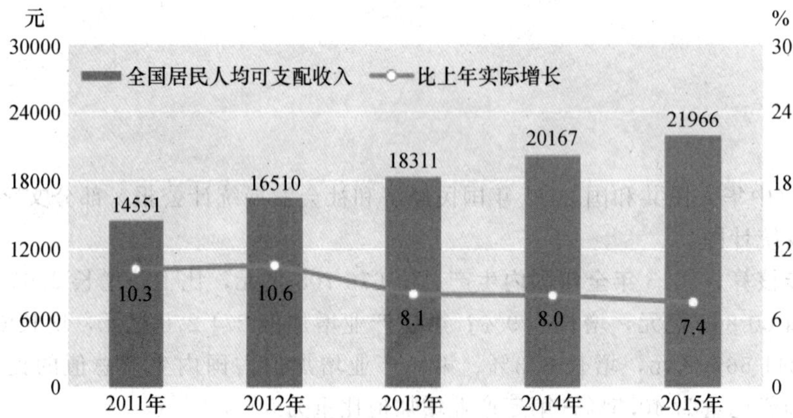

图 2　2011—2015 年全国居民人均可支配收入及其增长速度

第四章 综合指标

一、名词解释

1. 总量指标

2. 相对指标

3. 结构相对数

4. 强度相对数

5. 平均指标

6. 标志变异指标

二、填空题

1. 总量指标按其所反映时间状况不同，可分为________和________，其中________不能相加。

2. 相对指标的表现形式有______、倍数、成数、______、千分数、复名数。

3. 百分数通常在分子、分母的比值大于______而小于______时使用。

4. 对计划完成相对数的说明，一应看计算结果，二应看________。

5. 平均指标有________、________和几何平均数三类。

6. 算术平均数的计算方法有简单法、________和________。

7. 总体中的男性人口与女性人口数之比是________相对数，男性人口与总人口数之比是________相对数。

8. 人口总数与相应的国土面积之比是________相对数，两个不同时期的人口总数之比是________相对数，两个国家同一时期的人口总数之比是________相对数。

9. 标志变异指标有极差、平均差、________、__________四种。

10. 标志变异指标中________是绝对数，__________和__________是平均数。

三、单项选择题

1. 在统计分析中具有广泛综合能力的指标是（　　）。

A. 实物指标　　B. 劳动量指标　　C. 价值指标　　D. 数列指标

2. 我国人口的年出生率适合使用（　　）作为计量单位。

A. 系数　　B. 倍数　　C. 百分数　　D. 千分数

3. 可用复名数表现的相对指标是（　　）。

A. 计划完成百分数　　B. 结构相对数

C. 强度相对数　　D. 比较相对数

4. 下列指标中计划完成百分比小于100%为超额完成计划的是（　　）。

A. 煤炭消耗量　　B. 煤炭产量　　C. 煤炭的产值　　D. 煤炭的利润

5. 计算中长期计划提前完成计划的时间，下列跨年度计算中（　　）是正确的。

A. 2015年2月—2016年2月

B. 2015年第3、4季度+2016年第3、4季度

C. 2015年8月+2016年1—11月

D. 2015年6月—2016年5月

6. 甲班有学生35人，其中女生20人；乙班有学生45人，其中男生25人，那么25人/20人是（　　）。

A. 比例相对数　　B. 比较相对数　　C. 比重　　D. 错误的计算

7. 相对指标中分子分母倒换位置后结论相同的是（　　）。

A. 比例相对数　　B. 比较相对数　　C. 强度相对数　　D. 以上皆是

8. 平均数代表性的大小要分析（　　）。

A. 平均数的大小　　B. 变异指标的大小

C. 变量值的大小　　D. 各组次数的多少

9. 计算过程中易受极值影响的是（　　）。

A. 加权平均数　　B. 众数　　C. 中位数　　D. 几何平均数

10. 在平均数不相等的情况下分析比较其代表性或均衡性适宜用（　　）。

A. 极差　　B. 平均差　　C. 标准差　　D. 离散系数

四、多项选择题

1. 下面选项中，属于总量指标的是（　　）。

A. 某班人数45人　　B. 平均成绩85分

C. 人均拥有活动器具1.5件　　D. 参加各种竞赛活动20场次

2. 总量指标（　　）。

A. 是反映现象在一定条件下总规模的指标

B. 是认识现象总体最基本的指标

C. 是计算相对指标和平均指标的基础

D. 可以表现为相对水平和平均水平

3. 下列选项中，属于时点指标的是（　　）。

A. 商品销售额　　B. 固定资产价值

C. 全年出生人数　　D. 12 月底存款额

4. 下列属于时期指标的有（　　）。

A. 某公司年度利润　　B. 某公司某月末商品库存量

C. 某公司本年新进职工人数　　D. 某公司本年离职的人数

5. 某企业计划全年劳动效率比上年提高 8%，实际提高 10%，则计划完成程度为（　　）。

A. 101.85%　　B. 98.18%

C. 超额 1.85%完成计划　　D. 差 1.82%未完成计划

6. 下列指标中不属于收入成果类指标的是（　　）。

A. 学习进度　　B. 学习时间　　C. 费用额　　D. 费用率

7. 下列计划完成百分数中，超过 100%越多，表明计划完成越好的是（　　）。

A. 工期提前时间　　B. 商品的损耗率

C. 全员劳动效率　　D. 商品销售额

8. 甲、乙两公司 2014 年的利润分别是 60 万元和 80 万元，甲公司 2015 年的利润是 80 万元，则（　　）。

A. 动态相对数为 100%　　B. 动态相对数为 133.3%

C. 比较相对数为 75%　　D. 比较相对数为 133.3%

9. 下列指标中属于结构相对数的是（　　）。

A. 出勤率　　B. 缺勤率　　C. 不及格率　　D. 贫困人口比重

10. 下列指标中属于强度指标的是（　　）。

A. 某班人均拥有课外图书数量　　B. 某班人均使用作业本数量

C. 某地区人均粮食消费量　　D. 某地区人均粮食拥有量

11. 平均指标（　　）。

A. 反映现象的离散程度　　B. 反映现象的集中趋势

C. 是一个代表值　　D. 是一个特定条件下的具体数值

12. 在各组变量值一定的条件下，平均数的大小受（　　）的影响。

A. 总次数多少　　B. 各组次数多少

C. 各组次数占总次数比重　　D. 总体内部结构

13. 平均数的数值趋于（　　）的变量值。

A. 次数较多的组　　B. 次数较少的组

C. 次数占比重大的组　　D. 次数占比重小的组

14. 加权算术平均数中的权数指（　　）。

A. 各组变量　　B. 各组变量值　　C. 各组次数　　D. 各组次数的比重

15. 甲、乙两个企业职工的平均工资相等，但是两个企业职工的实际工资水平有可能（　　）。

A. 一样　　B. 甲高于乙　　C. 乙高于甲　　D. 无法比较

五、判断题

1. 总量指标是计算相对指标和平均指标的基础。 (　　)
2. 综合指标包括了所有的统计指标。 (　　)
3. 综合指标的大小随总体范围的增大而增大。 (　　)
4. 时期指标相加有意义，时点指标相加无意义。 (　　)
5. 研究某校学生的状况，总体单位总量是唯一的，而标志总量则有许多个。 (　　)
6. 计算相对指标时，被研究现象的数值要放在分母位置上。 (　　)
7. 分子数值比分母数值大则用倍数。 (　　)
8. 计划完成百分数的计算结果以大于100%为超额完成计划。 (　　)
9. 强度相对数、平均数分子分母均可互换位置。 (　　)
10. 各组结构相对数之和应等于或大于100%。 (　　)
11. 用反算法计算强度相对指标，数值越小说明事物分布密度越大。 (　　)
12. 平均指标代表性的大小取决于总体内部的差异性。 (　　)
13. 众数是出现次数最多的那个变量值，而非那个次数。 (　　)
14. 标志变异指标中的极差计算最简便，应用也最广泛。 (　　)
15. 离散系数数值大，说明总体各单位差别小，其平均数的代表性高。 (　　)

六、简答题

1. 总量指标的作用有哪些？

2. 强度指标与平均指标有什么区别？

3. 计算和应用相对指标时应注意哪些问题？

4. 平均指标有哪些主要作用？

5. 计算和应用平均指标有哪些原则？

6. 标志变异指标是如何测定平均数代表性的？

七、实训题

1. 某学生计划本学期各科考试平均分达到 85 分，实际各科考试平均分为 88 分，计算并分析该学生的计划完成情况。

2. 某企业计划五年内某种产品的年生产能力达到 500 吨，根据下表中第 4 年至第 5 年生产情况的统计资料，计算并分析该企业的计划完成情况及提前完成计划的时间。

某企业某产品第 4 年至第 5 年生产情况表 单位：吨

月份	1	2	3	4	5	6	7	8	9	10	11	12	1—12
第 4 年	30	30	31	31	31	33	32	33	35	36	36	38	
第 5 年	38	39	39	40	42	42	44	46	45	46	48	48	

3. 某社区计划“十二五”期间累计绿化面积达到 20 000 平方米。2011—2015 年的绿化面积统计资料如下，计算该社区的计划完成情况及提前完成计划的时间。

某社区绿化面积统计表

年份（年）	2011	2012	2013	2014	2015	合计
绿化面积（平方米）	5 000	4 500	5 500	5 000	2 000	22 000

4. 某专业 200 名学生专业课考试成绩见下表，试用频数及频率计算平均成绩。

平均成绩计算表

成绩（分）	人数（人）	比重（%）	组中值 x	xf	$x(f/\sum f)$
(1)	(2)	(3)	(4)	(5)	(6)
60 以下	20	10			
60～70	45	22.5			
70～80	55	27.5			
80～90	60	30			
90～100	20	10			
合计	200	100			

注：第（4）（5）（6）栏为计算栏。

5. 根据资料计算某商店销售三种茶叶的平均等级。

三种茶叶平均等级计算表

级别 x	一	二	三	合计
销量比重（%）$f/\sum f$	20	60	20	100
$xf/\sum f$				

注：最下一行为计算栏。

6. 甲、乙两个水果商店销售苹果的统计资料见下表，计算并分析两个商店的平均销售价格不同的原因。

甲、乙两店苹果销售价格计算表

单价（元/斤）x	销售额（元）M		计算栏			
	甲	乙	甲销量 f_1	乙销量 f_2	$f_1/\sum f$	$f_2/\sum f$
(1)	(2)	(3)	(4)	(5)	(6)	(7)
2	8 000	10 000				
2.5	10 000	15 000				
4	5 000	20 000				
合计	23 000	45 000				

7. 某公司生产某种产品需要四道工序，每道工序的产品合格量、合格率都不一样（见下表），计算平均合格率。

平均合格率计算表

工序	1	2	3	4
生产量（套）	1 000	950	948	940
合格量（套）	950	948	940	939
合格率（%）				

注：最下一行为计算栏。

8. 某企业职工的月工资资料见下表，计算算术平均数、中位数、众数。

某企业职工月工资平均指标计算表

月工资额（元）	工人数 f	组中值 x	xf	向上累计 f
(1)	(2)	(3)	(4)	(5)
1 500～2 000	80			
2 000～2 500	140			
2 500～3 000	60			
3 000 以上	20			
合计	300	—		—

注：第（3）（4）（5）栏为计算栏。

9. 已知乙单位工人的平均工资为 2 050 元，标准差为 500 元，甲单位工人工资资料见下表，根据资料计算并比较甲、乙两单位工人平均工资的代表性。

变异指标计算表

月工资（元）	人数（人）f	组中值 x	xf	$x-\bar{x}$	$(x-\bar{x})^2$	$(x-\bar{x})^2 f$
(1)	(2)	(3)	(4)	(5)	(6)	(7)
1 000～1 500	20					
1 500～2 000	70					
2 000～2 500	80					
2 500 以上	30					
合计	200					

注：第（3）至（7）栏为计算栏。

10. 承接第三章“调查本班学生午餐喜欢的饭菜品种和课后希望参加的课外活动项目”，要求：

（1）以本班学生的调查资料为依据，推算全校学生午餐喜欢各种饭菜的人数。

（2）以本班学生的调查资料为依据，推算全校学生中希望参加各项课外活动的人数。

（3）对推算结果做简要说明。

第五章　动态数列

一、名称解释

1. 时期数列

2. 发展水平

3. 平均发展水平

4. 发展速度

5. 增长速度

二、填空题

1. 动态数列的两个构成要素是________和________________。

2. 动态数列中的指标数值也被称作________，第一个数值被称作________，最后一个数值被称作________。

3. 序时平均数可以根据绝对数动态数列计算，也可以根据________、平均数动态数列计算，其中根据________计算是最基本的方法。

4. 发展速度－1＝________。

5. 动态数列的水平指标有发展水平、________、增长量和________四种。

6. 动态数列的速度指标有________、________、平均发展速度和________。

7. 平均增长速度是由平均发展速度减________而得到的。如果得数为________，表示递增速度，如果得数为________，表示递减速度。

8. 当动态数列各个发展水平的________大致相等时，适合建立直线趋势数学模型。

三、单项选择题

1. 下列年份中，（　　）年的统计指标只能作为基期数值。

A. 2005　B. 2010　C. 2015　D. 2020

2. 我国2000年至2015年人均国内生产总值是（　　）动态数列。

A. 绝对数　B. 平均数　C. 结构相对数　D. 强度相对数

3. 动态数列中，各项指标数值相加有实际意义的是（　　）动态数列。

A. 绝对数　B. 时期指标　C. 平均数　D. 时点指标

4. 计算各种动态分析指标的基础指标是（　　）。

A. 总量指标　B. 逐期增长量　C. 累计增长量　D. 时期指标

5. 某企业“十二五”末增加值为1 000万元，计划“十三五”末比“十二五”末增加值翻两番，那么该企业“十三五”末的增加值为（　　）万元。

A. 1 000　B. 2 000　C. 3 000　D. 4 000

6. 用数学模型推算出的数据不是一个（　　）。

A. 接近实际的数据　B. 与实际有一定差距的数据

C. 绝对精确的数据　D. 有参考价值的数据

四、多项选择题

1. 动态数列的水平指标包括（　　）。

A. 发展水平　B. 增长量　C. 发展速度　D. 增长1%绝对值

2. 下列选项中，属于时期指标动态数列的是（　　）。

A. 历年职工工资总额　B. 历年职工平均人数

C. 历年职工平均工资　D. 历年职工工资增加额

3. 下列选项中，属于时点指标动态数列的是（　　）。

A. 历年年末储蓄余额　B. 历年企业贷款额

C. 历年股民数量　D. 历年股民增减量

4. 发展水平指标可以是（　　）。

A. 人口总量　B. 人口增减量

C. 各期人口环比发展速度　D. 增长1%绝对值

5. 下列选项中，属于速度分析指标的是（　　）。

A. 报告期水平/前期水平　　B. 报告期水平/固定基期水平

C. 报告期水平－基期水平　　D.（报告期水平－基期水平）/前期水平

6. 定基发展速度等于（　　）。

A. 相应各期环比发展速度的连乘积　　B. 最末水平/最初水平

C. 最末水平－最初水平　　D. 平均发展速度的 n 次方

7. 某企业 2015 年营业额为 50 万元，2016 年达到 100 万元，则 2016 年的营业额比 2015 年的营业额（　　）。

A. 增加了 50 万元　　B. 增长了 50%

C. 增长了 100%　　D. 翻了一番

8. 某公司上年销售额为 1 000 万元，本年销售额为 1 100 万元，本年销售额与上年相比，正确的表述是（　　）。

A. 本年销售额为上年的 110%　　B. 本年销售额比上年增长了 10%

C. 本年销售额增加到 1 100 万元　　D. 本年销售额增加了 100 万元

五、判断题

1. 动态数列与变量数列是两种性质不同的数列。（　　）
2. 动态数列中的发展水平可以是绝对数，也可以是相对数或平均数。（　　）
3. 报告期是指最近的时期。（　　）
4. 1979 年的数据为 a_0，2009 年的数据为 a_n，计算平均发展速度需要开 31 次方。（　　）
5. 定基发展速度等于各期环比发展速度的连乘积。（　　）
6. 定基增长速度等于各期环比增长速度的连乘积。（　　）
7. 如果各期环比增长速度相等，其逐期增长量也相等。（　　）
8. 平均发展速度表明现象增减变化的平均程度。（　　）
9. 平均增长速度表明现象发展变化的平均程度。（　　）
10. 平均发展水平表明现象某段时间内所达到的一般水平。（　　）

六、简答题

动态数列的编制原则有哪些？

七、实训题

1. 我国历年人均国内生产总值统计见下表。

我国历年人均国内生产总值统计表

指标　　　　年份（年）	1980	1990	2000	2010
人均国内生产总值（元）	463	1 644	7 858	30 015

要求：

（1）计算1990年比1980年、2000年比1990年、2010年比2000年的年平均增长速度。

（2）如果2020年人均国内生产总值比2010年翻一番，那么2020年人均国内生产总值将会达到多少？年均增长速度是多少？

2. 中国大陆人口资料见下表。

中国大陆人口总量分析指标计算表

指标 \ 年份（年）		2005	2006	2007	2008	2009	2010
（甲）		a_0	a_1	a_2	a_3	a_4	a_5
年末人口（万人）		130 756	131 448	132 129	132 802	133 474	134 091
增长量（万人）	逐期						
	累计						
发展速度（%）	环比						
	定基						
增长速度（%）	环比						
	定基						
增长1%绝对值（万人）							

注：第 4 至 10 行为计算栏。

要求：

（1）计算表中的各项指标。

（2）计算平均发展速度与平均增长速度。

（3）若以 2010 年为 a_0，以年平均 100.5%的发展速度，推算 2015 年我国人口总量。

（4）如果以 2010 年为 a_0，仍以年平均 100.5%的发展速度，我国人口达到 16 亿人需要多少年？

第六章 统计指数

一、名词解释

1. 统计指数

2. 总指数

3. 综合指数

4. 数量指标指数

5. 指数体系

二、填空题

1. 统计指数按照反映对象范围的不同，可分为个体指数和＿＿＿＿＿。

2. 按照指标性质不同，统计指数有＿＿＿＿＿＿＿＿＿＿＿＿＿和＿＿＿＿＿＿＿＿＿＿＿两种；按照计算方法不同，统计指数分为＿＿＿＿＿＿＿、平均指数和平均指标指数。

3. 同度量因素在综合指数的计算中起媒介和＿＿＿＿两方面作用。

4. 综合指数不仅能在＿＿＿＿＿＿方面反映被研究现象的综合变动情况，而且还能在＿＿＿＿＿＿方面反映变动的实际结果。

5. 在指数体系中，各个因素指数的＿＿＿＿应等于总变动指数。

6. 利用指数体系进行＿＿＿＿分析是指数法的核心内容。

三、单项选择题

1. 在编制数量指标指数时，同度量因素是（　　）。

　A. 基期数量指标　　　　B. 基期质量指标

　C. 报告期数量指标　　　D. 报告期质量指标

2. 在编制质量指标指数时，同度量因素是（　　）。

A. 基期数量指标 B. 基期质量指标

C. 报告期数量指标 D. 报告期质量指标

3. 数量指标指数和质量指标指数的划分依据是（　　）。

A. 所反映的对象范围不同 B. 指标性质不同

C. 计算方法不同 D. 所比较的现象特征不同

4. 总指数的基本形式是（　　）。

A. 个体指数 B. 综合指数 C. 平均法指数 D. 平均数指数

5. 编制工业产品产量综合指数时通常用（　　）作为同度量因素。

A. 报告期的价格 B. 基期的价格

C. 报告期的销售额 D. 基期的销售额

6. 在销售量综合指数 $\dfrac{\sum q_1 p_0}{\sum q_0 p_0}$ 中，$\sum q_1 p_0 - \sum q_0 p_0$ 表示（　　）。

A. 商品价格变动引起销售额变动的绝对额

B. 销售价格不变的情况下，销售量变动引起销售额变动的绝对额

C. 销售价格不变的情况下，销售量变动的绝对额

D. 销售量和价格变动引起销售额变动的绝对额

7. 编制工业产品产量平均法指数时，通常用（　　）作为权数。

A. 基期的销售额 B. 报告期的销售额

C. 基期的销售价格 D. 报告期的销售价格

8. 加权算术平均数指数变形为综合指数时，其特定的权数是（　　）。

A. $q_1 p_1$ B. $q_1 p_0$ C. $q_0 p_1$ D. $q_0 p_0$

9. 加权调和平均数指数变形为综合指数时，其特定的权数是（　　）。

A. $q_1 p_1$ B. $q_1 p_0$ C. $q_0 p_1$ D. $q_0 p_0$

10. 某厂 2016 年的产量比 2015 年增长了 13.6%，总成本增长了 12.9%，则单位成本（　　）。

A. 减少了 0.62% B. 减少了 5.15%

C. 增加了 12.9% D. 增加了 1.75%

11. 某市 2012 年社会商品零售额为 12 000 万元，2015 年增至 15 600 万元，2015 年与 2012 年相比物价上涨了 4%，则商品零售量指数为（　　）。

A. 130% B. 104% C. 80% D. 125%

12. 如果生活费用指数上涨 10%，则现在的 100 元钱相当于原来的（　　）元。

A. 110 B. 90 C. 90.9 D. 100

四、多项选择题

1. 下列属于数量指标总指数的有（　　）。

A. 物价指数 B. 生产总值指数

C. 产品总成本指数 D. 产品单位成本指数

2. 下列属于质量指标总指数的是（　　）。

A. 白菜的价格指数　　B. 鸡蛋的价格指数
C. 食品的价格指数　　D. 消费品的价格指数

3. 某企业三种产品报告期的产量为基期的110%，这个指数是（　　）。
A. 个体指数　　B. 总指数
C. 质量指标指数　　D. 数量指标指数

4. 下列指数形式中，（　　）属于综合指数。

A. $\dfrac{\sum K_q q_0 p_0}{\sum q_0 p_0}$　　B. $\dfrac{\sum p_1 q_1}{\sum \frac{1}{k_p} p_1 q_1}$

C. $\dfrac{\sum q_1 p_0}{\sum q_0 p_0}$　　D. $\dfrac{\sum p_1 q_1}{\sum p_0 q_1}$

5. 在加权平均指数中，通常使用的权数有（　　）。
A. $q_0 p_0$　　B. $q_1 p_0$　　C. $q_1 p_1$　　D. $q_0 p_1$

6. 加权算术平均数指数是（　　）。
A. 综合指数　　B. 个体指数的加权平均数
C. 总指数　　D. 综合指数的变形

7. 指数体系能够分析（　　）。
A. 现象的构成因素
B. 现象总的变动方向和程度
C. 现象总变动中各个因素的影响方向和程度
D. 各个因素的变动方向和程度

8. 我国CPI的编制是根据（　　）。
A. 定期报表资料　　B. 抽样调查资料
C. 重点调查的资料　　D. 12万户样本资料

五、判断题

1. 综合指数的编制方法是先综合后对比。（　　）
2. 编制综合指数的关键是同度量因素及其时期的选择问题。（　　）
3. 在编制数量指标指数时，同度量因素是与之相联系的另一个数量指标。（　　）
4. 在编制产量指数时，一般以报告期单位成本为同度量因素。（　　）
5. 在销售量综合指数中，$\sum q_1 p_0 - \sum q_0 p_0$ 表示销售量增减的绝对额。（　　）
6. 平均指数是个体指数的平均数，所以平均指数是个体指数。（　　）
7. 因素分析的目的是测定现象总变动中各因素影响的方向和程度。（　　）
8. 如果市场物价上涨4%，用同样多的货币所购买的商品量将比基期下降2%。（　　）
9. 与基期相比，某企业销售额持平，综合销售量下降，那么综合价格也会下降。（　　）

10. 在指数体系中，各指数间的关系是以相对数表示的乘积关系，绝对额之间的关系是以绝对量表示的加减关系。（　　）

六、简答题

1. 统计指数的作用有哪些？

2. 综合指数的编制方法是什么？

3. 如何确定同度量因素及其时期？

4. 因素分析由哪两部分内容构成？

七、实训题

1. 某企业三种主要产品的产量和单位成本见下表，计算三种产品的总成本指数，分析产量与单位成本对总成本的影响。

总成本指数计算分析表

产品类别	计量单位	产量		单位成本（万元）		计算栏（万元）		
		基期 q_0	报告期 q_1	基期 p_0	报告期 p_1	基期 p_0q_0	报告期 p_1q_1	假设 p_0q_1
（甲）	（乙）	（1）	（2）	（3）	（4）	（5）	（6）	（7）
甲	台	1 000	1 200	5	5.5			
乙	套	1 500	2 000	2	1.8			
（甲）	（乙）	（1）	（2）	（3）	（4）	（5）	（6）	（7）
丙	件	3 000	2 500	1	0.8			
合计	—	—	—	—	—			

2. 某企业主要商品销售资料见下表，计算并分析商品销售量、商品销售价格对商品销售额的影响。

销售额指数计算分析表

商品名称	计量单位	销售量		销售单价（元）		销售额（元）		
		基期 q_0	报告期 q_1	基期 p_0	报告期 p_1	基期 p_0q_0	报告期 p_1q_1	假设 p_0q_1
（甲）	（乙）	（1）	（2）	（3）	（4）	（5）	（6）	（7）
甲	吨	2 000	2 500	45	50			
乙	米	4 000	5 000	15	13			
丙	件	20 000	18 000	60	59			
合计	—	—	—	—	—			

注：（5）（6）（7）栏为计算栏。

3. 根据下表，试编制商品产量总指数。

商品产量总指数计算表

商品名称	工业总产值（万元）		个体产量指数（%）$k_q=\frac{q_1}{q_0}$	假设$k_q p_0 q_0$
	基期 p_0q_0	报告期 p_1q_1		
定位仪	1 800	2 000	110	
打印机	1 500	1 800	105	
扫描仪	800	1 000	100	
合计	4 100	4 800	—	

4. 某公司甲、乙、丙三类商品的收购价格和收购额资料见下表，试求收购价格总指数及收购价格变动引起收购额变动的绝对额。

甲、乙、丙三类商品的收购价格和收购额资料

商品种类	收购价格（元）		报告期收购额（元）
	基期	报告期	
甲	10	12	10 000
乙	15	13	15 000
丙	22	25	25 000

5. 某公司三种商品销售额及价格变动资料见下表，计算三种商品的价格总指数和销售量总指数。

某公司三种商品销售额及价格变动资料

商品种类	商品销售额（万元）		价格变动率（%）
	基期	报告期	
电动车	500	650	2
三轮车	200	200	−5
山地车	1 000	1 200	10

6. 已知某企业产值报告期比基期增长了24%，职工人数增长了17%，试计算说明劳动生产率如何变化。

7. 某地粮食总产量增长6%，播种面积减少2%，试计算说明粮食作物单位面积产量如何变化。

8. 某地区生活消费商品价格降低后，同样多的货币可购买的商品量比上年增加12%，试计算该地区的价格指数。

9. 某企业报告期产品产量比基期增长10%，总成本增长5%，计算说明产品单位成本的变化。

第七章　抽样推断

一、名词解释

1. 抽样推断

2. 随机原则

3. 抽样总体

4. 不重复抽样

5. 样本容量

6. 样本的可能数目

7. 抽样误差

8. 抽样平均误差

9. 区间估计

10. 允许误差

二、填空题

1. 抽样推断的主要目的是______________________________。
2. 从总体中抽取样本应本着________原则，目的是为了_________________。
3. 从总体中随机抽取样本的方法有__________与____________________两种。
4. 抽样的组织方式有________、________、________、________等。
5. 理解和计算______________________是进行抽样推断的关键。
6. 抽样平均误差指标有____________________、____________________。
7. 在简单随机重复抽样条件下，抽样平均误差与_______________________成正比，与____________________________成反比。
8. 抽样估计方法有________________和______________________。
9. 允许误差又被称作____________________或______________________。
10. 把握程度即概率，又被称作______________、__________或可靠程度。

三、单项选择题

1. 从总体中抽取样本时应遵守（　　）原则。
   A. 准确性　　B. 及时性　　C. 全面性　　D. 随机性
2. 从 1 000 名职工中抽 50 名职工调查，计算出的指标被称作（　　）。
   A. 总体标志总量　　B. 总体单位总量
   C. 样本单位总量　　D. 样本指标
3. 从 10 000 件产品中随机抽取 30 件组成一个样本，则样本的可能数目（　　）。
   A. 小于 10 000　　B. 等于 10 000　　C. 稍大于 10 000　　D. 远大于 10 000
4. 抽样成数是（　　）相对数。
   A. 比较　　B. 比例　　C. 结构　　D. 强度
5. 抽样极限误差的实际意义是（　　）加、减一个极限误差的范围内。
   A. 期望样本指标落在全及指标　　B. 期望样本指标落在样本指标
   C. 期望全及指标落在全及指标　　D. 期望全及指标落在样本指标
6. 区间估计的可靠程度是指（　　）。
   A. 允许误差的大小　　B. 平均误差的大小
   C. 概率保证程度　　D. 概率
7. 概率度 t 在抽样推断中的实际意义是（　　）。
   A. 保证概率或置信概率
   B. 表明抽样估计可靠程度的参数
   C. 样本指标的绝对误差范围
   D. $t=\frac{\Delta}{\mu}$表示允许误差中包含多少个平均抽样误差
8. 如果抽样平均误差已定，概率度越大，（　　）。
   A. 置信区间越小
   B. 极限误差越小

C. 推断的准确程度越高

D. 全及指标落入估计区间的可能性（概率）越大

四、多项选择题

1. 从 3 000 名学生中抽取 30 名学生调查，则这 30 名学生（　　）。

A. 每位学生被称作样本　　B. 每位学生被称作样本单位

C. 被称作全及总体　　D. 被称作样本总体

2. 抽样推断的特点是（　　）。

A. 选取样本时必须遵守随机原则　　B. 用样本指标去推断总体

C. 抽样调查必然产生抽样误差　　D. 抽样误差可以事先计算和加以控制

3. 纯随机抽样应用的条件是（　　）。

A. 所推断的特征分布均匀　　B. 总体单位总量不大

C. 所推断的特征表现突出　　D. 无任何条件

4. 抽样平均误差是（　　）。

A. 个别样本指标同总体指标的绝对离差

B. 所有可能样本指标同总体指标的平均离差

C. 所有可能样本指标的标准差

D. 反映抽样误差一般水平的指标

5. 影响抽样平均误差大小的因素有（　　）。

A. 总体内部的差异程度　　B. 样本的容量

C. 抽样的方法　　D. 工作人员的工作态度

6. 计算抽样平均误差时，若缺乏总体标准差，可用（　　）代替。

A. 样本标准差　　B. 以前的标准差

C. 估计的标准差　　D. 组织试点调查取得相关数据

7. 不重复抽样采用重复抽样公式计算抽样平均误差的条件是（　　）。

A. 全及总体很大　　B. 全及总体较小

C. $1-(n/N)$ 接近 0　　D. $1-(n/N)$ 接近 1

8. 区间估计中全及指标所在的范围是一个（　　）。

A. 具有一定把握程度的可能范围　　B. 绝对可靠的范围

C. 与抽样平均误差大小有关的范围　　D. 毫无把握的范围

9. 在进行区间估计时，如果扩大允许误差，则（　　）。

A. 提高推断的可靠性　　B. 提高推断的准确性

C. 降低推断的可靠性　　D. 降低推断的准确性

10. 决定置信区间大小的主要因素是（　　）。

A. 样本平均数或成数　　B. 总体平均数或成数

C. 抽样平均误差　　D. 概率度

11. 概率度与概率的关系是（　　）。

A. 正比关系　　B. 反比关系　　C. 数值不确定　　D. 函数关系

12. 置信程度（概率）与置信区间的关系是（　　）。

A. 正比关系　　B. 反比关系　　C. 数值不确定　　D. 函数关系

五、判断题

1. 随意抽取样本即是随机抽样。（　）
2. 随机抽样是为了省时省力。（　）
3. 简单随机抽样时，每一个总体单位被抽中的机会是一样的。（　）
4. 抽样调查只存在登记性误差。（　）
5. 抽样推断中，样本指标是随机变量。（　）
6. 允许误差越大，抽样估计的可靠性就越大。（　）
7. 允许误差的大小与必要抽样数目成正比。（　）
8. 允许误差的数值只能大于抽样平均误差。（　）
9. 当允许误差的值小于抽样平均误差时，推断结果的可信度比较低。（　）
10. 区间估计中的置信区间是一个绝对可靠的范围。（　）
11. 提高了抽样推断的把握程度，也就相对提高了推断结果的精确度。（　）
12. 样本容量的多少对计算出的抽样平均误差有影响。（　）

六、简答题

1. 重复抽样与不重复抽样的相同点与不同点有哪些？

2. 什么是纯随机抽样？什么是等距抽样？

3. 点估计与区间估计的相同点与不同点有哪些？

七、实训题

1. 在 50 000 件产品中，抽取 100 件进行调查，有 2%不合格。要求：

（1）计算不合格产品抽样平均误差并说明其意义。

（2）计算并说明当样本容量增加到 200 时或者减少到 50 时，抽样平均误差发生的变化情况。

2. 某养殖场共养蛋鸡 3 000 只，随机不重复抽取 100 只进行调查，得到资料见下表，其中年产蛋 220 个以上的为良种鸡。

抽样调查计算表

年产蛋量（个）	数量（只）	组中值 x	xf	$x-\bar{x}$	$(x-\bar{x})^2$	$(x-\bar{x})^2 f$
（甲）	（1）	（2）	（3）	（4）	（5）	（6）
200 以下	20					
200～220	60					
220 以上	20					
合计	100					

注：第（2）至（6）栏为计算栏。

要求：

（1）计算年平均产蛋量、良种鸡所占的比重、抽样平均误差。

（2）如果保证概率为 99.73%（$t=3$），计算允许误差（抽样极限误差）。

（3）根据计算出的允许误差，推算 300 只鸡平均年产蛋量及良种鸡所占比重的置信区间，并说明计算结果。

3. 设 $N=50\ 000$，$\sigma_{\bar{X}}=10$，$\Delta_{\bar{X}}=2$，$F(t)=95\%$，则 $t=2$，求 n 的值。

4. 设 $N=50\ 000$，$p=1\%$，$\Delta_p=2\%$，$F(t)=95\%$，则 $t=2$，求 n 的值。